Felix Dahn

Der Fremdling

Operndichtung in vier Aufzügen

Felix Dahn

Der Fremdling
Operndichtung in vier Aufzügen

ISBN/EAN: 9783743651388

Hergestellt in Europa, USA, Kanada, Australien, Japan

Cover: Foto ©Thomas Meinert / pixelio.de

Weitere Bücher finden Sie auf **www.hansebooks.com**

Der Fremdling.

Operndichtung in vier Aufzügen

von

Felix Dahn.

Leipzig,
Druck und Verlag von Breitkopf und Härtel.
1880.

Perſonen.

Odhin. (Baß oder Baryton¹.)
Thor. (Baryton oder Baß.)
Baldur. (I. Tenor.)
Loki. (II. Tenor.)
Freia. (Sopran oder Alt.)
Hardrun, verwittwete Königin von Gautland. (Alt.)
Hako, ihr Sohn erster Ehe. (Baryton.)
Nanna, ihre Stieftochter zweiter Ehe. (Sopran.)
Götter und Göttinnen. Lichtalfen beider Geſchlechter.
Walküren. Einheriar. Krieger, Prieſter und Prie=
ſterinnen, Jungfrauen und Volk von Gautland.

Ort der Handlung: Asgard und Gautland.

Erſter Aufzug: Asgard auf Bergeshöhn oberhalb Gautland.

Quer über die Bühne im hinteren Mittelgrund (III. oder IV. Couliſſe) zieht ſich eine Bergeshochfläche von Wolken links und rechts eingerahmt: im Hintergrund ſieht man die Götterburg Asgard aus Wolken ragen. In der Mitte eine rieſige Eiche. — Morgendämmerung, welche ſich bis zu Baldurs Erſcheinen zu ſtrahlendem Sonnenaufgang ſteigert. — Unten auf der Erde (I.—III. oder IV. Couliſſe) Wald mit Gebüſch und Erdbank vorn rechts (rechts und links ſtets von der Bühne aus gedacht): Der Wald noch winterlich, kaum eine Ahnung von Vor=Frühling.

---

1 Der Sänger und die Sängerin von Odhin oder Thor können in kleineren Bühnen auch für Hako, Freia für Hardrun oder Nanna verwendet werden, da ſie nie zuſammen zu ſingen haben.

Erster Aufzug.

Erste Scene.

(Siehe das Scenar.)

Auf der Hochfläche stehen geschart, den Sonnenaufgang erwartend, Götter und Göttinnen, Lichtalben beider Geschlechter, Walküren, Einheriar. Die Musik drückt vor Aufgang des Vorhangs bereits das leise aus der Nacht emportauchende, höher und höher steigende Licht aus.

Erster Halbchor: Männer und Frauen.

Grüßt mit ehrendem Angesicht,
  Grüßt mit Singen und Harfenschlag,
Grüßt das steigende Morgenlicht,
  Grüßt den heiligen, jungen Tag.

Zweiter Halbchor.

Herrlicher weiß ich auf Erden nichts,
  Herrlicher nichts in der Himmel Höh'n,

Als den goldenen Strahl des Lichts,

Stark wie Helden, wie Frauen schön!

Gesammtchor.

Licht! Du silberner Siegespfeil,

Wirf die Nacht dir zu Füßen,

Asen=, Alben= und Menschenheil: —

(starke Steigerung) Baldur: — Laß dich begrüßen!

Schimmernde, selige Segenssat,

Leuchtender Baldur, verstreue:

Segne du Männern die Heldenthat,

Weibern Dulden und Treue! —

(Alle wenden sich nach der Mitte, von wo aus Goldgewölk Baldur auf einem von zwei weißen Rossen gezogenen Wagen, aufrecht stehend, die Zügel in der Linken, einen langen Goldstab in der Rechten, langsam empor fährt: Phöbos ähnlich: von ihm und seinem Wagen scheint alles Licht auszugehen.)

Baldur.

(pianissimo einsetzend) Leben und Liebe

Und labendes Licht

Wünsch' ich und wirk' ich

Allem was athmet.

(Er steigt ab: das Gespann wird abgeführt von zwei Lichtalben nach rechts: rechts und links stets von der Bühne aus gedacht.)

Thôr
(tritt auf von links).

Heil dir und Hoffnung,
 Freudiger Freund! —
Es gebot der Gebieter
 Odhin uns Allen,
Zu tagen im Ting:
 Dein Geschick zu bescheiden
Und des Weibes Wahl.

Loki
(tritt rasch auf von rechts).

Nicht weiter zu wählen
 Braucht der Bräutigam:
Meine Schwester, die schimmernd-schöne,
 Rathen ihm redlich
Vettern und Freunde.
 (für sich)
Fällen den Feind,
 Den heiß Gehaßten,
Muß ich mit Mord:
 Verrathen zur Rache
Soll mir den süßen
 Schwager die Schwester.

Freia
(tritt auf von links).

Freue dich, Freund!
Nun wird Wonne dir werden!
Denn glänzendstem Gott,
Wie mühseligstem Manne
Wird im Weibe nur Wonne.

Freia allein
(oder nach Wahl Duett mit Thôr, Terzett mit Baldur, Quartett mit Loki).

Lieber mit Liebe
In sterblichem Staube
Leben und leiden,
Als, ledig der Liebe,
Herrlich herrschen
Und walten in Walhall.

} Chor kann wiederholen.

Zweite Scene.

Vorige. Odhin mit Gefolge aus der Mitte, tritt vor die Eiche, an welche er den Schild hängt.

Odhin
(feierlich an den Schild mit dem Sper schlagend).

Allen Asen
Und Alben in Asgard

Gebiet' ich Gebot:
Hier tagt das Ting
  Der guten Götter.
(setzt sich auf den erhöhten Rasenthron unter der Eiche.
Vermählen muß sich
  Der blühende Baldur:
So will es das Wohl
  Der guten Gewalten:
So beschloß es das Schicksal:
  Neidlose Nornen
Woben es weise:
  Daß ein Sprößling ersprieße,
Ein Edel-Erbe,
  Dem leuchtenden Liebling
    Der Asen und Alben
Und der Athmenden all': — —
  Wohl: — wähle das Weib!

Thôr.

Wohl: — wähle das Weib!
Wir wollen dir's wahrlich
Mit Waffen gewinnen:

Und müßt' ich zermalmen
Das Reich aller Riesen —
Das Weib, das er wählte,
Brächte ich Baldur,
Dem besten der Brüder.

Loki.

Hemme den Hammer,
Thôr, und den Trotz!
Nicht nach Riesenheim reisen
Braucht der blühende Baldur:
Dem Gott genügt nur die Göttin.
Meine Schwester, die schöne,
Schenk' ich dem Schimmerer
Und verzichte, bezahlt
Zu schauen den Brautschatz. —

Odhin. Thôr. Freia. Alle außer Loki und Baldur.

Ein wonnig Weib!
Wohl wird er sie wählen!

Baldur.

(pianissimo einsetzend) Nicht weiter zu wählen

Braucht Baldur die Braut:
Gewählt ist sein Weib.

Chor
(Alle in hoher Erregung einfallend).

Was sagt er? Was sinnt er?
Wen wählt er zum Weibe,
Der glänzende Gott?
Erkor er aus Allen
Die Würdigste wohl?

Loki
(für sich).

Wehe dem Weib, das er wählte!

Freia.

Glückliche Göttin,
Welche des wonnigen
Baldur Braut! —
Rede, du Rascher,
Welche gewannst du?

Thôr.

Keine gekorene
Wird sich dir weigern.

Baldur.

(immer piano) Keine erkor ich
Der edeln Asinnen.

Freia.

Also der Albinnen,
Welche wohl wähltest du?

Thôr.

Licht sind sie und lieblich!
Ich selber, ich sehe
Die klugen, die kleinen,
Die glänzenden gern.

Baldur.

Auch der Albinnen
Keine erkor ich.

Loki.

Ausschlugst du der schönen Schwester
Hand mit Hohn,
(höhnisch)
Reizte dich — rede — der Riesinnen Reiz?
Oder zottiger Zwergin?

Alle: Chor.

(lebhaft bewegt) Nenne den Namen!
Bringe die Braut!
Wohnt sie Walhall?
Oder in Asgard?
Oder in Albheim?
Wo wohnt das Weib?

Baldur.

(piano, feierlich) In Asgard nicht und nicht in Albheim, —
Auf Erden athmet sie:
Ein Menschen=Mädchen
Hol' ich heim.

Alle: Chor.

(gesteigerte Bewegung) Ein Menschen=Mädchen!
Sterblich! Von Staub!
Unerhört! Unerhört in dem Himmel!

Baldur.

(stark) Ein Menschen=Mädchen
Wird mein Weib:
Sie kür' ich — oder — Keine!

Odhin.

Sag' an, mein Sohn,
Wo sahst du sie?

Baldur.

In Gothlands Gau'n, als Kind des Königs
Erwuchs die Weiße, früh verwaist!
Stiefmutter streng — Stiefbruder stolz,
Mit heißem Haß, mit lästiger Liebe
Verfolgen viel die schweigend Scheue.
Sie litt viel Leid, sie trug viel Trauer.
(kraftvoll, Nanna's Motiv) Doch stolz und still erstarkte
Ihr herrlich hohes Herz: — —
Nur der Frühling ihr Freund
Und die stillen Sterne   } piano.
Die treuen Vertrauten!
Gewinn' ich Gewährung vom Herzen der Holden, —

heroisch,
Trompeten
{ So weigern dies Weib mir vergeblich die
                            Götter:
Die Erkorne erkämpf' ich, ob in Waffen
                           das Weltall

Mir die Wonnige wehre: ja, es sollen mir
selber
Neidische Nornen Nanna nicht nehmen!

Alle
(außer Odhin und Loki).

Welch wildes Wort vermeßnen Muthes!
Vernehmt es nicht, ihr Nornen!
Er fordert frevelnd heraus die hehren
Schicksals-Schwestern.

Odhin.

Wohl war das Wort kämpflich und kühn:
Doch, so denkt, so droht
Lautre, lodernde Liebe!
Wer das Schicksal scheut
Und grollende Götter —
Nicht nahte dem noch
Lebendiger Liebe
Wahre Gewalt!

Loki.

(scharf einfallend) Halt, hört mich, ihr Hohen!
Ich verweigre, verwehre dem Weibe den Weg!

Ihr wißt es wohl: so gebeut das Gebot:
"Nicht nehmen wir neue
Glieder, wir glänzenden Götter,
Auf unter Asgards Edel=Erben,
Wehrt widersprechend
Ein einziger Ase?"
(zu Odhin) Ist es nicht also,
Vater, gefestigt?

Odhin.

Wahr ist das Wort:
So ist der Eid,
So beschworen der Schwur.

(Erst Odhin allein, dann Chor wiederholend.)

Loki
(kraftvoll).

Wohl denn: ich weigre dem Weibe den Weg!
Niemals nahe, nimmer mehr
Menschenmaid den Wohnungen Walhall's!
Herb verhaßt mir im Herzen
Ist der Menschen meisterlos maßloser Muth!
Haben und halten die Herrischen doch

Des freien Feuers geflügelte Flamme
Schmählich geschmiedet zu freudlosem Frohn:
Dienen in Demuth soll ihnen die sengende,
Göttliche Gluth: geknechtet, geknebelt,
Gefangen, gefesselt im hemmenden Herde,
Zu schaffen in Scharwerk,
Was sie launisch belieben.
Ermuthigt nicht mehr noch,
    Ihr gütigen Götter,
Den Meister Mensch:
    Es könnten die Kecken so hoch sich erheben,
Daß sie gefährlicher würden den Göttern
    Als Riesenreich.
Ich wehr' ihnen Walhall!

            Thôr.
Ich aber — ich ehre ihre Art!

            Freia.
Ich liebe sie, ich lobe sie.

            Odhin.
(großartig) Und ich? — Allvater auf Erden,
Heiß' ich wie hier im Himmel!

Baldur.

Das wonnige Weib, das ich wählte,
Weiß ich gewiß: hochherzig, herrlich und hehr, ⎫
Tapfer, vertrausam — und zum Tode getreu! ⎬ sehr ideal
⎭

Loki.

Hö hö hö hö! Halt an!
Prächtiger Prahler! Welch' Wort des Wahns!
Wechselnd und wandelbar weiß ich das Weib!
Der Göttinnen sogar kenn' ich keine,
Welche da wirklich sich würde wahren
Dem göttlichen Gatten treu bis zum Tod!

Alle
(zornig empört).

Lästernder Loki, laß ab!

Freia.

Von Weibes Würde weißt du wenig,
Weil du des Weibes selbst nicht werth!

Thôr.

Nicht traust du der Treue,
Listiger Loki,
Trügender, weil du selber Treue nicht trägst.

Alle
(drohend auf ihn eindringend).

Lästernder Loki!
Bereue die Rede!
Widerrufe das Wort!

Loki
(lachend ausweichend).

Hähä! Haltet, ihr Hitzigen!
Faßt euch, ihr Frauen,
Und ihr Götter, vergönnt noch
Dem Loki zu leben!
Wahr bleibt mein Wort:
Doch erproben unmöglich.
Keiner der klugen Götter wird geben
Zur prüfenden Probe wagend sein Weib!

Baldur
(rasch einfallend).

Sterblicher Staub
Ist Nanna nur,
Die Menschen-Maid!
Doch wohlan: ich wette und wage das Wort:
Nicht scheut Schande, Schmerz und Schmach

Für den Freund zu erfahren
Ihr herrliches Herz! (Nanna's Motiv.)
Seiner Treue vertraut,
Seinem Werth, seinem Wort
Blindlings die blonde, die blühende Braut.
Ja, in's Grab, in die Gruft
Steigt die Sterbliche stolz
Dem geliebten Gemal,
Bis zum Tode getreu!

Loki

(immer mit überlegener List: er hat Schritt für Schritt Baldur zu dieser Wette gesteigert, jetzt auch zum Einsatz seines Hauptes).

Kühne und kecke, — aber nicht kluge —!
Worte zu wagen, lehrt die leidige Liebe!
Was wettest du wohl? Was bietest du, Baldur? } in diese Zeilen alle dämonische Arglist.

Chor wiederholt { Erprobt mit Prüfungen werde das Weib: Besteht sie die Starke — nicht {will ich / will er} weiter Walhall ihr weigern.

(Allgemeine Bewegung.)

Chor
(wiederholt die letzten drei Zeilen).

Loki
(listig fortfahrend).

Was wettest du wohl? Was bietest du, Baldur?
Unweise wär' ich, thörig und täppisch,
Wagte in der Wette den Einsatz nur Ich.
Werth um Werth — so heischt es der Handel!
Was wettest wohl du? Was bietet wohl Baldur?
Erliegt die Liebliche der probenden Prüfung,
Was bietest du, Baldur, sprich, in dem Spiele?
Doch Gold nicht begehr' ich: rothe Ringe,
Schimmernde Schätze besitz' ich selber:
Wenn wirklich des Weibes Treue du traust —
Ehre die Edle mit edelstem Einsatz:
Was wettest du wohl, was bietest du, Baldur?

Baldur
(den Sonnenhelm abnehmend, vor Odhin knieend).

Sieh her — hier —: mein Haupt!
(Allgemeine Bewegung.)

Chor.
Wehe! Was wagst du! Welcher Wahn,

Baldur, bethört dich!
Loki, laß ab! Dürsten nicht darfst du
Nach des Bruders Blut.

Loki
(gleichzeitig).

Ha, das Haupt des Verhaßten,
Ich halt' es in Händen!
Nimmer wird Nanna
In Stärke bestehen!
Dann heisch' ich das Haupt des Verhaßten!

Baldur
Odhin's Hände auf sein Haupt legend, knieend.

Hier, in die heiligen Hände
Odhin's, des Edelsten Aller,
Leg' ich mein Leben!
Und ich schwöre den schweren Schwur:
Erliegt in der Liebe prüfenden Proben
Nanna, so nehme Loki mein Leben,
Von der schimmernden Schulter mir hau' er das Haupt,
Breit in die Brust mir stoß er den Stahl!

Loki
(vielleicht zugleich mit Baldur? einfallend bei: „Und ich schwöre").

Ich auch schwöre den schweren Schwur:
Besteht die Starke die prüfenden Proben, —
Nicht mehr weigr' ich den Weg der Erwählten:
Walhall's Wonne werde dem Weib,
Selig sei sie im Götter-Sal!
(Beide erheben sich und eilen links und rechts ab.)

Thor.
(Freia. Viele Asen?)

Odhin! Allvater!
Wie durftest du dulden
Dieser Wette verwegenes Wahnwort?
Weh, wenn im Wagnis
Baldur erblaßt!

Odhin
(sehr großartig).

Allwissend ist Allvater nicht:
Aber ahnungsvoll!
Traurige Täuschung trügt
Zuweilen auch Weise:
Aber ich ahne im hoffenden Herzen:

Nicht wird die Nacht um Nanna uns nehmen
   Den blühenden Baldur!
(heroisch: Trompeten) Sieghaft und selig trägt sie in Treue
   Die Lasten der Liebe!
Und herrlich nach Walhall,
   Gekrönet vom Kranze,
Bringt Baldur die Braut. —
       (Pause.
Ob endlich uns Allen einst
   Nahet die Nacht —
(triumphirend) Noch nachtet es nicht:
So lange Liebe lebt, wie in Baldur's Brust,
So lang Treue vertraut wie im herrlichen Herzen
Des Königskindes, das er erkor,
— Lang schon liebend belausch' ich die Stille, Stolze —!
So lang lebt auch der Götter Geschlecht
Und der muthigen Menschen.
       (Pause)
Liegt einst Liebe verlodert und Treue in Trümmern —
(furchtbar, ahnungsvoll) Dann dämmert das dunkle Verderben
   Dumpf und drohend
Über Asgard auf und die Erde.

(Doch:) noch nachtet es nicht:*
Denn noch lebt lautere Liebe:*
Drum ließ ich den Liebling
Wagend gewähren:
Denn Weibes Werth — er wird sich erwahren.*
(großes Finale.)

Odhin und Chor
(wiederholt beliebige Zeilen aus Odhin's Solo, vorschlagsweise die mit * bezeichneten).
(Niederwallende Wolken verhüllen Asgard und die Götter, nur unten die Erde sichtbar lassend.)

Dritte Scene.
Auf Erden.

Jungfrauen, ziehen (von rechts) festlich geschmückt in den Wald. — Gleich darauf die Jünglinge. Es ist noch fast winterlich, kaum eine Ahnung des fernher nahenden Frühlings.

Chor der Jungfrauen
(tritt singend auf).
Zum Walde laßt uns fröhlich wallen,
  Das Fest des Vor=Lenz zu begehn!
Kein Blatt noch! Nur die Wolken wallen
Schon lichter durch die blauen Hallen
  Und fernher Frühlingslüfte wehn.

Chor der Jünglinge
(tritt singend auf).

Zum Walde laßt uns fröhlich wallen,
Den holden Mädchen nachzuspähn!
Die lauten Hörner laßt erschallen!
(Hornrufe)
Im Reigentanz, in Waldes=Hallen
Laßt uns die schlanken Kinde drehn.

Gesammtchor der Jünglinge und Jungfrauen.

Ja, laßt den Reigentanz uns schlingen
Bald wird hier Baldurs Athem wehn:
Dann blühn die Blumen, Vöglein singen,
Die Götter nah'n auf leisen Schwingen:
Und jedes Wunder kann geschehn! —

Ballet.

Die Pare tanzen links ab oder verlieren sich in den Wald. — Die Bühne bleibt eine Zeit lang leer. — Die Musik verkündet Nanna's Erscheinen.

Vierte Scene.

Nanna
(von rechts, den Verschwundenen sinnend nachblickend).

Da flattern sie im Reigen hin!
Beglückt — beglückend — ohne Fragen! — —

In diesen ersten Frühlingstagen,
Wann sich an's Licht die Knospen wagen, —
  Verlangt nach Glück so heiß der Sinn! — — —
            (Pause)
Warum bin ich zu Wald gegangen?
  Mich lockt doch nicht der Reigen=Tanz! —
Ach, glühend schießt mir's in die Wangen!
Dich sucht mein Sehnen und Verlangen: —
  O Fremdling mit dem Veilchenkranz!
Hier traf ich ihn, den Wunderbaren!
  Hier grüßte mich sein zaubrisch Wort:
O seinen Blick, den sonnig=klaren,
Im Herzen werd' ich ihn bewahren
  Und leuchten sehen fort und fort!

Ach, einmal nur ihn wieder schauen
  Und hören seinen weichen Ton!
Mir unglückseligsten der Frauen, —
Trost würde tief in's Herz mir thauen
  Ein Lächeln seines Mundes schon.
            (Pause)
Helft, all' ihr Götter, mich bezwingen!
Er ist's! Er naht! Das Herz will mir zerspringen.

Fünfte Scene.

Nanna. Baldur (als Fremdling, einen Veilchenkranz auf dem Haupt, weißes Gewand, Reisetracht, Stab in der Hand) von links vorn.

      Nanna.
Sei mir gegrüßt!

      Fremdling.
    Sei mir gesegnet!

      Beide.
Mich zieht es stets hieher zurück:
Die Stätte, wo ich dir begegnet,
Sie birgt geheimnisvolles Glück.

      Fremdling.
Froh, in des Reigen=Tanzes Wogen,
Sind alle Mädchen fortgezogen:
Nur du, die aller Jungfrau'n Zier,
Du, Königskind, träumst einsam hier?

      Nanna.
Mich lockt der laute Reigen nicht!
Ich lieb' es, unter'm Buchendicht,

In diesen ahnungsvollen Räumen,
In Einsamkeit zu träumen.

Fremdling.
Zu träumen! — Und, was ist dein Traum?

Nanna.
Ich weiß es, lieber Fremdling, kaum! —
Von meiner Mutter, die ich nie gekannt!
Vom Vater, der mit weicher Hand
Manchmal gekost — das weiß ich noch! — mein Har: —
Bis er auch — plötzlich — verschwunden war.
Sie haben ihn so bald begraben!
Deß werd' ich ewig Trauer haben!

Fremdling.
Träumst du denn nicht von Freuden auch?

Nanna.
Kaum jemals fühlt' ich ihren Hauch!
Wie kann ich träumen, was ich nie gekannt?
Und doch! — In tiefer Brust entbrannt
Fühl' ich ein Sehnen ohne Gleichen
Nach nie geschauten sel'gen Reichen!

Fremdling
(für sich).

Das höchste Glück — es soll dir werden!
(laut)
Hast du denn keinen Freund auf Erden?

Nanna
(schüttelt das Haupt, traurig).

Ach, einsam wuchs ich und verlassen
   Heran, ich armes Königskind!
Mein pflegte statt der Liebe — Hassen!
   Für Waisen weht nur rauher Wind. —
Wann hart Stiefmutter mich gescholten,
   Sucht' ich der Ältern Hügelstein
Und meine bittern Thränen rollten
   Auf ihre Gruft im Sternenschein.
Ich kann nicht schmeicheln, kann nicht lügen,
   Mir gab ein Gott ein schweigsam Herz:
Still in mich selbst in durst'gen Zügen
   Saug' ich die Freuden und den Schmerz.
Sie schelten mich: nicht könn' ich lieben!
   Und doch, wie Knospe Sonnenkuß,
So such' ich, sehnsucht= umgetrieben,
   Was ich unendlich lieben muß!

Fremdling.
Und was du suchst — du wirst es finden!

Nanna.
O nein! Schon morgen soll mich binden
Des ungeliebten Mannes Zwang!
Frau Hardruns Sohn bestürmt mich lang:
Nach Volksrecht ist an meine Hand
Geknüpft die Krone hier im Land
Und morgen soll — wie sie mich quälen! —
Den Gatten ich und König wählen.

Fremdling.
Jarl Hako ist ein kühner Mann,
Ein tapfrer Held an Seel' und Leib.

Nanna
(leidenschaftlich).

Doch nie, niemals werd' ich sein Weib!
(zart, schüchtern, verwirrt,
O sieh' mich nicht so fragend an!
Warum? — Warum? — Ich lieb' ihn nicht!

Fremdling.
So weißt du denn, was lieben ist?

Nanna.

O wende deiner Augen Licht!
Ich wußt' es nicht — jedoch — mir ist — —

Fremdling
(feurig ausbrechend).

O Nanna, wie du lieblich bist!
(sie umschlingend)
O nein! O wende schämig nicht
Dein gluthdurchstrahltes Angesicht!
Du weißt es jetzt, was Lieben heißt:
Die Liebe, die kein Feind zerreißt,
Die Liebe, die Gefahr und Noth,
Die Allem trotzt, treu bis zum Tod!
Du weißt es, weil dies scheue Herz,
So rein wie Gold, so stark wie Erz,
Weil dieses Herz so stolz und tief,
Das still und stark nach Liebe rief,
Weil dieses Herz nun ganz sich giebt,
Weil Nanna, meine Braut, mich liebt!

Nanna
(selig, erschrocken).

Ich! — deine Braut! — Welch selig Wort!

Und du — mein Herr, mein Heil, mein Hort!
Du kannst m i ch lieben? — Ich bin nicht schön! —

Fremdling
(begeistert).

Du bist schöner als Freia in Asgard's Höhn!

Nanna.

Ich kann nicht sprechen — nicht loben — nicht wer=
ben! —

Fremdling.

Doch du kannst für deine Liebe sterben!

Nanna.

Das kann ich, ja! — Gott Baldur soll es hören!

Fremdling
(ihre aufgehobene Hand herabziehend und an seine Brust drückend).

Gott Baldur weiß —! Du brauchst es nicht zu schwören.

Nanna.

O Mann voll Hoheit, Kraft und Glanz —
So nimm mich hin — dein bin ich ganz!
(an seiner Brust)

Fremdling.

Du giebst dich mir — und kennst mich nicht?
Nicht meinen Namen, Stamm und Stand?

Nanna.

Schau' ich dein leuchtend Antlitz nicht?
Darf ich nicht fassen deine Hand?
Ich liebe dich, mein Augenlicht!
So bist du mir genug bekannt!

Fremdling.

Ich bin kein König, kein Edelmann!

Nanna.

Du bist der Mann, der mein Herz gewann!

Fremdling.

Ich bin ein Fremdling deinem Reich!

Nanna.

So bist dem Morgenstern du gleich!

Fremdling.

Wirst du in Schrecken, in Todesgefahren
Solches Vertrauen der Liebe bewahren?

Nanna
(sehr ideal und groß).

Ich liebe dich! — — Freund: das ist Ewigkeit!

Fremdling
(begeistert einfallend).

Dies Wort hat göttlich dich geweiht!
Dies Wort soll unter Sternen schweben,
So lange Götter und Menschen leben.

(steckt ihr einen Ring an den Finger)

Mit diesem Ringe, goldigklar,
Mach' ich dich 'mein auf immerdar!

Nanna.

Mit diesem Ringe, goldigklar,
Werd' ich dein Weib auf immerdar!

} Duett

Fremdling.

Vertraue Seele mir und Leib!
Ich nenne dich mein ewig Weib!
Vertraue mir: — du sollst es nie bereuen!
Vertraue mir: — dein harrt ein ewig Freuen!
Doch erst wird Schmach und Schmerz dich hart bedreuen!

Nanna.

Ich liebe dich! Stets werd' ich an dich glauben:
Und du liebst mich — das kann kein Feind uns rauben.

Fremdling.

Weh, wenn dich nun bedroht
Verfolgung, Schmach und Noth,
Ja, Schrecken bis zum Tod!
Ich aber, gebannt durch Eides-Ketten,
Ich kann dich nicht schützen, darf dich nicht retten.
Ja: — — kannst du's fassen? —
Ich muß — dich verlassen! —

Nanna
(tief erschrocken, schmerzlich).

Du mußt mich verlassen?! — — —
O das ist hart!

Fremdling.

Weh, ich seh' dich erblassen!

Nanna.

Das Antlitz erbleicht — die Liebe nicht!

Fremdling.

Nicht darf ich dir das Räthsel lösen,
Nicht dir als Retter nahe sein!

Ach, schutzlos muß ich allem Bösen
Dich überlassen —

Nanna
(großartig, an seine Brust sich werfend).

Ich bin dein!
Und muß ich Todes-Schmerzen leiden: —
Der Tod soll nicht von dir mich scheiden.

Frembling.

Hast du bestanden, wird zum Lohne
Dir niegeahnten Glückes Krone.

Nanna.

Ich habe schon den Lohn empfangen!
An deinem Herzen durft ich hangen:
Was nun noch kommt — der Schmerz ist klein —
Unendlich das Glück —: denn ich bin dein!

Duett.

O welch seliges Umfangen!
An deinem Herzen darf ich hangen.

Ich weiß: in aller Kämpfe Pein
Wird sieghaft unsre Liebe sein.

(Nach stürmischer Umarmung Fremdling ab nach links: Nanna sinkt auf die in Gebüsch vorn rechts versteckte Rasenbank.)

Sechste Scene.

Nanna. — Bald darauf Hardrun, Hako, Jäger=
chor und Frauen von hinten rechts. Die Bühne
bleibt geraume Zeit leer. — (Während des Abschiedes kam
allmählig die Abenddämmerung — nun wird es dunkel.)
Die Musik drückt Nanna's Liebeserinnerung aus: geht all=
mählig in die Hörner der Jäger über.

Chor der Jäger und Frauen
(hinter der Scene allmählig näher kommend: Hörnerrufe).

Nānnā! Nānnā! Nanna! Wo bist du?

(Hörner)

Nanna, du Königskind! Wo bist du? Verschwunden?
Sucht durch die Büsche dort! Sucht an der See!

(Hörner)

Dämmerung dunkelt schon! Nacht wird's im Walde!
Baldur, der Sonnengott, ist schon gesunken!
Nanna, du Königskind, wo bist du? Verschwunden?

Hardrun
(tritt auf, gefolgt von Hako und Jägern und Frauen mit Fackeln).

Zurück zur Burg vom Reigentanz
Zog längst die Schar im Festesglanz.
Mein Stiefkind nur weilt noch im Hain
Wie immer störrig — stolz — allein!

Hako.
Wohl, wenn **allein** sie hier geweilt!
(dem Fremdling nachspähend)
Ein Mann dort durch Gebüsch enteilt.
Weh, wenn dies Herz, für mich so kalt,
Genoß der heimlichen Liebe Frucht.
Noch heißer als des Verlangens Gewalt
Durchlodert — ich fühl' es — die Eifersucht!

Alle: Chor.
Nanna! Nanna! Wo schwandest du hin?
(Langsam beginnender Mondaufgang mit entsprechender Musik.)

Nanna
(vortretend).
In die Einsamkeit — wo ich selig bin!

Hako.
Welch' neuer Schimmer sie umschwebt!
Nie sah ich sie so warm belebt!
Ihr Auge strahlt — sie erglühet leis,
Wie im Morgenroth jungfräulich Eis.
O Nanna — wenn du lieben kannst, —
(wild)
Dem Bulen weh, den du gewannst!

Nanna.
Was stört ihr mich in meinen Träumen?

Hardrun.
Du sollst im Wald nicht länger säumen,
— Allein — was wenig ziemen mag
Der Braut vor ihrem Hochzeittag.

Nanna
(wiederholt träumerisch).
Der Braut — vor ihrem Hochzeittag!

Hako.
Ja wohl, vor deinem Hochzeittag!

Denn morgen sollst du wählen, \
Sollst alle überzählen,   Chor wiederholt. \
Der Freier große Zahl.

Hako.

Doch wisse wohl: den du erkoren, \
Ist er unsterblich nicht geboren, —

(Trompeten)

Er fällt vor Nacht von diesem Schwert! \
Ich prahle nicht von meinem Werth: — \
Jedoch du weißt: — in allen Reichen \
Kann Hako sich kein Held vergleichen.

Nanna
(stolz).

Ich weiß! — Und doch will ich drauf zählen: \
Der Mann, den Nanna würde wählen: \
Er würde keinem Feind erliegen, \
Auch Hako — würde er besiegen!

      (Trompeten)

Duett
(Nanna stolz, Hako besorgt und drohend wiederholend).

— Das ist der Liebes-Stolz der Frau'n, \
Das ist des Herzens Sieg-Vertrau'n —.

Schluß=Chor.

Zurück zur Burg! — Es klopft in Sorgen,
Es pocht mein Herz in bangen Schlägen:
Ein groß Verhängnis naht uns morgen:
Dem Schicksal schreiten wir entgegen!

(Während der Zug sich malerisch in Bewegung setzt — vollendeter Mondaufgang — nach rechts — fällt langsam der Vorhang.)

Zweiter Aufzug.

Freier Platz vor der Königshalle (links) und dem Baldur=
Tempel (rechts) im Hintergrund: zu beiden führen mehrere
Stufen empor: die ersten zwei bis drei Coulissen hochragende
Eichen: vorn rechts eine Statue Baldur's.

Erste Scene.

Volk. (Sie schmücken die Pfeiler der Königshalle mit grü=
nen Laubgewinden.)

Chor.

Nun kam sie, die Entscheidungsstunde,
   Für dieses Volk von Gautaland:
Ihr Götter, seid mit uns im Bunde:
   Zu weiser Wahl lenkt Nanna's Hand.

Denn also ward der Eid geschworen,
   Als König Knut im Tode schwand:

„Wen Nanna zum Gemahl gekoren,
Der werde Fürst von Gautaland."

Vollendet hat sie zwanzig Lenze:
Dies ist der schicksalsvolle Tag:
Schlingt um die Halle Festes=Kränze,
Daß sie den Herrn empfangen mag.

(Trompetenstöße)
Aufzug der Krieger (von links hinten), geführt von Hako.

Chor der Krieger.

Hört, ihr Götter! All' Gautaland
Flehet euch tausendtönig:
Gebt uns heute durch Nanna's Hand
Waffengewaltigen König.

Aufzug der Priesterinnen (von rechts hinten,, geführt von Hardrun.

Götter, ein König wie Baldur klar
Und sieghaft sei uns beschieden,
Daß wir sicher vor Feindesgefahr
Leben in seligem Frieden.

Hardrun.

Versammelt harrt das Volk schon lang.

Hako.
Mein Herz verzehrt der heiße Drang.

Hardrun und Volk.
Nur Nanna fehlt —

Hako (und Volk.
Was sie nur säumt?

Hardrun.
Nach ihrer Art: sie trotzt und träumt!
Ruft sie herbei!
(Hornbläser nahen der Königshalle und blasen mahnenden Hornruf: dreimal.)

Hako.
Sie naht! Wie reizverklärt!
Ha, dieser Reiz ist mehr als Kronen werth!

Zweite Scene.
Vorige. Nanna, in königlichem Schmuck, gefolgt von Jungfrauen, aus der Königshalle: tritt vor in die Mitte der obersten Stufe: hier nimmt sie Platz auf einem Thronsitz.

Hardrun oder Hako (oder beide).
In dieser heil'gen Eichen Schatten,

Zur Wahl des Königs und des Gatten
 Rief, Nanna, dich der Hörner Ton:
Schau hin: die Freier nahen schon!
Auf, Herold, nenne nun die Namen
Der Helden, die zu werben kamen:
 Du aber reiche diesen Stab
  (reicht ihr ein kurzes Scepter)
 Ihm, dem dein Herz sich eigen gab.

Aufzug der Freier von links vorn: Marsch: reich geschmückte
 und gewaffnete Könige, Jarle, Fürsten, mit Gefolge.
Nachdem alle aufmarschirt, sich vor Hardrun und Nanna neigend,
 ruft der Herold.

Herold.

Der König Harald Hildetand,
Von Thrandheim und von Hadaland!

*Der König tritt vor, geht an Nanna vorüber — sie bleibt regungs-
 los: er stellt sich links unten auf.*

Von Sialand der Königssohn:
In Lethra steht sein Ahnenthron.

 (desgleichen, wie oben der König)

Herold
 (will fortfahren, zu melden).

Hako
(vortretend, unterbricht ihn).

Halt an! Hier kann's zu Ende sein!
Von allen Freiern ganz allein
Die beiden, die du ausgeschlagen, —
Sie wollten Zweikampf mit mir wagen:
Den andern, die zu frei'n gekommen,
Hat dieses Schwert die Lust benommen.

Hardrun.
So blieb mein Sohn allein zur Wahl.

Chor
Alle stark einfallend).

Held Hako werde dein Gemahl!
(drohend gegen Nanna sich bewegend)

Hardrun.
Du schweigst? —— Du schüttelst stumm das Haupt? ——
Du willst wohl gar nicht dich vermählen? —
Doch, dieser Trotz ist dir geraubt:
Du kennst des Vaters streng Befehlen:
Wann zwanzig Jahre du vollendet,
Sollst du und mußt den Gatten wählen:

Drum sprich: wohin dein Herz sich wendet?
Dem Reich darf nicht der König fehlen!

Chor
(in drohender Bewegung, steigernd).

Dem Reich darf nicht der König fehlen:
Du sollst, du mußt den Gatten wählen!

Hako
(eilt, sie schützend, die Stufen hinan).

Hinweg von ihr! — (leise) o Herrin, sprich!
Gieb Hoffnung — und ich schütze dich:
Wie heiß mich wird der Aufschub quälen:
Bedenkzeit will ich dir gewinnen.

Nanna
(steht auf — — laut, feierlich).

Ich kann nicht wählen den Gemahl!

Hardrun. Hako. Chor.

Was spricht sie da? Ist sie von Sinnen?
Warum, sprich, weigerst du die Wahl?
Seht ihr den Trotz, der sie beseelt.

Nanna.

Ich kann nicht wählen den Gemahl:
Weil — den Gemahl — ich — schon gewählt.

(Alle stürmen in wilder Aufregung nach vorn, Nanna schreitet
königlich und stolz die Stufen hinab.)

Hardrun.

Ha! Was ist das! Wir sind betrogen!
Die Kälte hat sie nur gelogen
Und heimlich hat ihr im Gemüth
Verbot'ne Leidenschaft geglüht.

Hako.

Längst ahnte das die Eifersucht!
Doch schwer soll meines Hasses Wucht
Den Nebenbuhler niederschlagen.

Wer ist dein Buhle? Wirst du's sagen? } Chor wiederholt.

Hako.

Sprich, welcher König? Welcher Held?
Rasch, nenn' ihn, daß mein Arm ihn fällt!

Chor.

Sprich! Welcher König, welcher Held,

Ist's, dem das Reich zu eigen fällt?
Den Namen! Den Namen.

Hako.

Was sie jetzt spricht!

Nanna.

Den Namen nennen — kann ich nicht!

Hako.

Den Namen des Freylers — du willst ihn nicht nennen?

Hardrun.

Du wirst doch den Namen des „Gatten" kennen?

Nanna.

Ich kenn' ihn nicht!

Hardrun. Chor.

Schmach ohne Gleichen!
Wir sind geschändet vor allen Reichen!
Dem Unbekannten gab sich hin,
Dem Namenlosen, die Königin!

Hako

(sehr ritterlich).

Wo weilt der Dieb, der dich betrogen,

Daß ich an ihm dich rächen kann!
Durch Berg und Thal, durch Land und Wogen
Such' ich den Frevler und —

Nanna.

Halt an!
Er ist kein Frevler — er ist rein und licht:
Doch, wo er weilt — ich weiß es nicht!

Hardrun.

Ha, das ist Hohn!
Wollt ihr vor allen Nordlandssöhnen
Euch täuschen lassen und verhöhnen
Durch dieses trotzgemuthe Kind?
Was sie da sprach, ist nur erfunden,
Daß sie, der Gattenwahl entbunden,
Fort lebe frei und starrgesinnt.

Hako.

Wer Nanna kennt, der weiß, daß sie nicht lügt!
Doch sage, wie das Räthsel sich gefügt,
Das dich umstrickt?

Nanna
(innig).

Ein Gott hat mir es zugeschickt.
Im Wald sich unsre Herzen fanden:
Ein Fremdling ist er diesen Landen:
Die Lippen bindet ihm ein Eid.
Nicht darf er seinen Namen nennen:
Nicht darf ich seine Heimat kennen:
Doch sein bin ich — in Ewigkeit.

Hardrun. Hako. Chor.
Das ist der Thorheit tiefste Nacht!

Nanna
(sehr ideal).
Das ist der höchsten Liebe Macht!

Hardrun.
Erfunden ist die ganze Mähr.

Nanna.
Hier diesen goldnen Ring — schaut her —
Gab mein Gemahl als Unterpfand
Mir unsres Bundes in die Hand.

Hako.

Fort mit dem Ring!

Nanna.

Mit meinem Leben
Allein will diesen Ring ich geben!
Gewählt ist meine Wahl:
Der Frembling, mein Gemahl,
Ist nach des Vaters Eid zugleich
Der König in diesem Volk und Reich.

Chor.

Ha, welche Kühnheit! welcher Hohn!

Nanna.

Sein eigen ist diese goldne Kron'!
Sein ist, dem ich mich eigen gab,
Mein Land und dieser Königsstab.
Ihr, die ihn frevelnd wollt beschuldgen,
Als eurem Herrn sollt ihr ihm huldgen!

Chor.

Ha, welche Kühnheit! welcher Hohn!

Nanna.

In eures Herrn und Königs Namen,
Als seine Gattin steh' ich hie:
Die ihren Herrn zu suchen kamen, —
In seinem Namen grüß' ich sie,
(Unwillige Bewegung Aller.)

Hako.

Dem Fremdling soll das Haupt ich beugen!

Nanna.

Ihr trotzt? ihr fragt, ob von Sinnen ich sei?
Doch die Götter stehn der Unschuld bei.
(auf die Baldurstatue zuschreitend, ihr das Scepter in die hohle Hand steckend)
Gott Baldur, der das Recht du wahrst,
Der du die Wahrheit offenbarst:
Gott Baldur, du sollst für mich zeugen!
Gott Baldur, du hüte den Königsstab,
Womit ich dies Reich dem Fremdling gab:
Die trotz'gen Empörer, beuge sie!
(Sie steht unter der Statue, alles Volk stürmt drohend auf sie an.)
(befehlend)
Vor eurem König — auf die Knie'!
(Alle stürzen wie blitzgetroffen ins Knie: Pause: Musik.)

Hako
(aufspringend).

Ha, Frevel und Schmach! das war Zauberkraft!

Hardrun.

Ihr Männer auf, aus dem Staub euch gerafft!

Hako.

An einen Fremdling das Reich verrathen!

Hardrun
(winkt ihren Kriegern, ergreift Nanna, diese wird auf ihren Be=
fehl gefesselt).

Buhlschaft im Walde! Zauberthaten!
Gefangen führ' ich die Frevlerin fort,
 Im Baldurtempel berg' ich sie dort:
Nicht fürder zu Walde soll buhlend sie fahren,
Im Heiligthum will ich sie wahren,
Im Heiligthum, das Baldur geweiht
Und der Jungfrauen keuschester Heiligkeit:
Das Volksgericht soll ihr Los entscheiden.

  Schlußchor.

Ergreift die trotzige Frevlerin!
Dem Fremden im Walde gab sie hin

Das Reich, die Ehre, sich selber zumal,
Ihren Buhlen nennet sie Ehgemahl
Und weigert dem Lande die Königswahl.
Fort führt sie gebunden in Ketten!
Laßt sehn, ob ein Gott sie wird retten!

Dritter Aufzug.

Das Innere des Baldurtempels. In der Mitte im Hintergrund auf Stufen der Altar: auf diesem die lebensgroße Statue Baldur's. Finstres, überall strenggeschlossenes Gewölbe. — Im Mittelgrund rechts eine Thür, links vorn, von einem Vorhang verhüllt, ein Fenster. Nacht. — Es wird erst hell, als durch die Thür eintritt der Chor der Priesterinnen mit Fackeln: dann Hardrun und Nanna, diese ganz in weiße Schleier gehüllt und gefesselt.

Erste Scene.

Chor der Jungfrauen.

Mich ergreift ein ahnend Schauern
  Hier in heilger Tempelnacht:
Denn es webt in diesen Mauern
  Still des reinsten Gottes Macht.

Weh der Frevlerin, die schuldig
  Den geweihten Ort betritt:

Doch der Reinen nahet huldig
Baldur mit dem Segensschritt.

Hardrun.

In Einsamkeit, in öder Muße,
Verstockte, sollst du harren hier:
Bis daß, zerknirscht von Reu' und Buße,
Dein hartes Herz zerbricht in dir.
Das ganze Volk, das dich soll richten,
Hat tief dein Freveltrotz empört:
Sein Urtheilsspruch wird dich vernichten:
Und nur mein Hako, blindbethört,
Er will, er kann dich jetzt noch retten:
Sei sein — so fallen diese Ketten:
Er ist dir treu geblieben:
Er will dir deine Schuld verzeihn.

Nanna.

Wie? Eine Schuld mein heilig Lieben?
Kein Stern am Himmel ist so rein!

Hardrun.

Verharre denn im Trotz der Schuld!
Verscherze noch die letzte Huld.

Bis daß dich ruft das Volksgericht,
Verläßt du diese Stätte nicht.
Der Keuschheit ist der Ort geweiht,
Gehütet in Jungfräulichkeit
Von edler Priesterinnen Schar:
Hier, hingestreckt am Weihaltar,
Hier seufze deinem Buhlen nach,
Der dich in Schmerz gestürzt und Schmach.

Nanna.
Er wird mich retten aus der Noth.

Chor
(heftig).
Wagt er sich her, trifft euch der Tod!
Ein Liebespar in diesen Hallen!
Dem Opfertode wär's verfallen!

Hardrun.
Sorgt nicht, daß solcher Frevel droht!
Mein Sohn hält Wacht mit starken Scharen,
Dies Heiligthum vor Schmach zu wahren! —
(zu Nanna)
Der im Wald dein thörig Herz gewann,
Laß sehn, ob er dich retten kann.

Chor
(im Abziehen).

Mich ergreift ein banges Schauern!
Welches Los wohl ihrer harrt?
Heilig webt in diesen Mauern
Baldur's reine Gegenwart.

Zweite Scene.

Nanna
(allein).

Sie zieh'n dahin! — Ihr Sang verhallt —
Schwer fiel der Eisenriegel ein —
Ich bin in der grimmen Feindin Gewalt!

(sie tastet umher)

Rings alles finster — geschlossen — kalt!
Kein Ausweg — keines Lichtes Schein! —
Ich bin allein,
Allein in diesen ahnungsvollen Räumen! — — —
Nein — nicht allein!
Sein Bild wird überall bei mir sein!
Von seiner Liebe darf ich träumen.

(Pause)

O unaussprechlich heil'ge Macht,

Die rasch mein ganzes Herz bezwungen!
Welch Wunder hast du an mir vollbracht?
Mit Flammen hast du mich durchdrungen!
(Pause)

Still, einsam, trotzig, stolz, verhalten, —
Ging ich durch all' die Menschen hin,
Bis plötzlich mir mit Gluthgewalten
Sein Blick, sein Wort bezwang den Sinn.
Ach ihn, ach ihn nur kann ich denken,
Nur in sein Wesen mich versenken:
Und soll ich niemals mehr ihn schauen —
Ich bin die seligste der Frauen!
Er hat sein Lieben mir bekannt —
Er hat mich seine Braut genannt —
Ha, was auf Erden fürcht' ich noch?
Ich weiß mich dein auf ewig doch!
Und soll ich einsam hier vergehen,
Dein leuchtend Antlitz nie mehr sehen —
Ertragen will ich's ohne Wanken,
Ich will für jeden Schmerz dir danken,
Den ich um dich ertragen darf! —
(Pause)

Doch mehr als Schmach und Schande scharf,
Und mehr als diese Ketten schwer,
Quält mich dies starke Herz=Begehr —
Dies tiefe, heil'ge, heiße Sehnen!
Zum Springen will das Herz sich dehnen!
Nicht Schmerz — nein, Sehnsucht strömt in diesen
        Thränen!
Ich weiß, ich weiß, du kannst den Ruf nicht hören:
Und doch will Sehnsucht mir das Herz bethören:
Ich rufe dich aus tiefstem Seelengrunde:
Komm, o Geliebter, komm in dieser Stunde!
(Sie sinkt auf dem Altar vor der Statue zusammen.)

Dritte Scene.

Nanna. — Fremdling (tritt aus der sich öffnenden Statue), es wird ganz hell.

Fremdling
(sich über sie beugend, sie erhebend).

Du riefst nach mir: — —
Ich bin bei dir!
Das ist der wahren Liebe Macht!

Nanna.

Bin ich aus Todesnacht
Im Himmel auferwacht?
Ich will nicht staunen — nicht fragen —
Nur glühenden Dank dir sagen.

Duett.

Nur wer der Sehnsucht Qual getragen,
In wachen Nächten, grauen Tagen,
Der Trennung herzverzehrende Pein, —
Nur der kann von der Liebe sagen!
Mein Frühling du, mein Sonnenschein!
Du bist mein Licht, du bist mein Leben!
Mein ganzes Sein will ich dir geben,
Will leben nur in dir allein!
Die ganze Welt ist mir versunken,
Ich hange bebend, wonnetrunken,
An deinen Blicken ganz allein,
O du mein Glanz, mein Sonnenschein!

Nanna.

Bist du ein Zaubrer, theurer Mann,
Der Stein und Erz durchdringen kann?

Fremdling.

Das ist der stärkste Zauber nicht!
Der Zauber, der dir mein Herz gewann,
 Der strahlend aus deinen Augen bricht,
Der Zauber in deinem heiligen Lieben —
 Er hat mich zwingend hergetrieben.
Ein Sehnen, mächtig wie das deine,
 Es zwinget Erz und Stahl und Steine.
Ein Sehnen, heilig wie das deine,
 Es kann mit seiner Kraft und Reine
Die Sterne, die am Himmel kreisen,
Hernieder ziehn aus ihren Gleisen.
Deß sollst du selig inne werden:
So mächtig ist kein Ding auf Erden,
 Als echte Liebe tief und wahr.

Nanna.

Nicht forsch' ich mehr — ich hab's versprochen!
Längst wußt ich's: du bist wunderbar.

Fremdling.

Doch, welche Schuld hast du verbrochen,
 Daß Fesseln drücken deine Hände?

Nanna

(lächelnd, die Hände erhebend).

Daß ich dich liebe sonder Ende —
Das, theurer Freund, ist meine Schuld!

Fremdling

(berührt die Fesseln — sie fallen).

Hinweg damit! Laß sie mich küssen,
Die Schmach um mich erdulden müssen.

(küßt ihre Hand, will sie an sich ziehen — sie entzieht sich)

Wie? — Bangt dir um der Götter Huld,
Daß du dich meinem Arm entziehst —
Daß meinen heißen Blick du fliehst?

Nanna.

Nicht bang' ich für mich um der Götter Huld!
Doch wehe — wenn dich sie strafen, ⎫
Daß wir hier in Liebe uns trafen.   ⎬ mit gesteigerter
Weh mir, mein selbstisch Lieben   ⎪ Angst, flehend.
Hat dich hieher getrieben!   ⎭
Flieh, o Geliebter, flieh!
Der Tod bedroht dich hie.

Fremdling.

Vor Odhin hab' ich laut geschworen,

Daß ich mir dich zum Weib erkoren,
Und sei mein Haupt darum verloren!
Du sollst mein Weib, mein eigen werden.

Nanna
(an seiner Brust: vorher keine Umarmung).

Ich bin die Seligste auf Erden!

Fremdling.

Du wagst dich kühn an meine Brust?
Und dennoch ist dir klar bewußt: —
Wenn hier ein Weib in Liebe loht,   } Nanna nickt bejah=
Bedroht es Blitzstrahl mit dem Tod? } end, selig lächelnd.
Bangt nicht dir vor des Gottes Zorne,
Dem heilig dieser Weih=Altar?

Nanna
(begeistert).

Die Liebe ist die stärkste Norne!
Und dein bin ich auf immerdar!
Wenn du dein Haupt in Todes=Wagen
Hast mir zu lieb' hieher getragen: —
Meinst du, ich werde an Muth dir weichen?
Im Lieben — bin ich deines gleichen.

Frembling.

Scheu'st du nicht Baldur's Weihaltar?

Nanna.

Wohl stets vor allen Göttern war
Gott Baldur mir zumeist geehrt!
Doch, ob sein Blitzstrahl mich verzehrt — —
Mehr als die Götter lieb' ich dich.
Du wardst mein Gott — und dein bin ich.

in jubelnder Begeisterung.

(Es donnert von links her.)

Frembling

(reißt den Vorhang vom Fenster — es blitzt und donnert).

Hörst du des Donners drohenden Ton?
Die Götter rüsten die Strafe schon.
Ich aber trotze dem Verderben.
Komm, sei mein Weib, und laß uns sterben!
Wer weiß, ob je in künft'gen Tagen
Ich kann um dich die Arme schlagen:
Jetzt halt' ich dich — jetzt sind wir beisammen!

(starker Blitz und Donner)

Sprich, wagst du zu trotzen den rächenden Flammen?

Nanna.

Dein bin ich auf ewig trotz Flammen und Strahl,
Auf Tod und Leben — du mein Gemahl!

Fremdling
(mit immer mehr wachsender Gluth).

Hinweg mit dem Schleier! Er birgt mir dicht
(Nanna widerstrebt leise)
Dein liebeleuchtendes Angesicht.
Hinweg mit dem Schleier! Komm an mein Herz!
(Er zerreißt den Schleier, der in zwei Stücken auf die Erde fällt.)

Nanna
(nach kurzem Kampf).

Mich durchschauert die Liebe mit seligem Schmerz!
Und nah'n alle Götter im Flammenschein —
Mein ewig Geliebter — ich bin dein!
(Stürmische Umarmung: Blitz und Donner.)

Vierte Scene.
Vorige. Hako. Gleich darauf Königin, Priesterinnen, Volk.

Hako
(schwingt sich von außen auf das Fenster, späht herein).

Ich hörte Stimmen — ich sah zwei Schatten! —
(Der Blitz schlägt hart vor dem Par in den Boden.)

Nanna
(aufschreiend).

Straft mich, ihr Götter! Schont meinen Gatten!

Hako
(springt herein).

Was seh ich? Ha, ist es Zauber-Verblendung?
Nein! Frevel und Schmach und Tempelschändung!
Ein Mann in dem Tempel! Der Fremdling! Herbei,
Ihr Genossen mit Waffen und Waffenschrei!
Stirb, du Verhaßter, von Hako's Streichen!
(Holt mit der Streitaxt furchtbar aus.)

Fremdling
(hebt die Hand gegen ihn: Hako bleibt gelähmt stehen,.

Held Hako, tödte deines gleichen!
(versinkt)
(Dumpfer, fern abziehender Donner.)

Nanna.
Er entkam! Dank den Göttern! Er ist gerettet!

Hako
(sich aus seiner Betäubung erholend, stürmt nach dem Hintergrund, schlägt mit der Axt die Thüren entzwei: Königin und Volk strömt herein).

Herbei, herbei! ⎱
Hört den Waffenschrei! ⎰ wiederholt.

Der entweihte Tempel soll nicht mehr stehn.
Er soll mit seiner Schmach vergehn.

Chor.

Entsetzlicher Frevel! Was ist geschehen?

Hako.

Ich hab' es mit meinen Augen gesehen!
Der Fremdling, ihr Buhle, er drang hier ein!
Seht ihre Hände der Fesseln entkettet.
Durch Zauber hat er in Flucht sich gerettet.
Ich sah sie liegen in seinen Armen!

Chor
(wüthend).

So muß sie sterben sonder Erbarmen!
So muß sie den Göttern geopfert sein!

Hako
(erschrocken).

O weh mir! Was that ich! Nein, nein, nein!
Mich täuschte mit Blendwerk Zauberschein.

Hardrun.

Ha, seht ihr zerrissen den heiligen Schleier?

(hebt ihn auf)

Dem Heiligthum nahte der frevelnde Freier,
Durch Zauber löste er ihr die Ketten —

(hebt sie auf).

Nein, verblendeter Sohn (Hato abwehrend), nicht sollst du
            sie retten.
Ich kenne sie gut — aus eigenem Mund
Verdirbt sie ihr Trotz — sie kann nicht lügen.
Seht, den Siegesstolz in ihren Zügen!
Ich frage dich, gieb die Wahrheit kund:
Sprich, hast du hier den Geliebten umarmt?

Nanna.

Wie in freudigem Stolz mir das Herz erwarmt!
Ich trotzte den Göttern in heiligem Wagen:
Meint ihr: ich werde vor euch verzagen?
Meint ihr, verleugnen werd' ich, verschweigen,
Die Seligkeit, die mir ward eigen?
Ja, vernehmt es Alle: — das Wort ist wahr:
Ja, ich küßte den Gatten vor diesem Altar!

Chor
(Alle, außer Hako).

Brich, heiliger Tempel, über sie ein!
Das muß im Tode gesühnet sein!

Hako.

Verfolgt den Verführer — doch schont der Armen!

Chor.

Nein, sterben soll sie sonder Erbarmen!
Die Götter — sie müssen versöhnet sein.
Schlagt sie in dreifach lastende Ketten —
Nicht nochmal soll sie der Frevler erretten.
Fort schleppt sie zu Schmach und Todespein.

Nanna.

Ich folg' euch willig — ich sterbe gern!
Darf ich doch sterben — um meinen Herrn!

Vierter Aufzug.

Urwald: finster, schaurig. Winter oder doch Vorfrühling: alles grau und lichtlos; rechts vorn in der Versenkung wird ein Grab gegraben, mächtige Felsplatten lehnen dort, es zu schließen. — Im Hintergrund erscheint in der letzten Scene die Götterburg wie in der ersten Scene des ersten Aufzugs. — Düstere, schauervolle Musik bereitet das Lied der Todtengräber vor.

Erste Scene.

Zwei Todtengräber (stehen arbeitend in der Versenkung).

Erster.

Bein zu Stein,
Stein zu Bein,
   Fleisch zu Staub und Erde!

Zweiter.

Lebensnoth
Stillt der Tod:
   Grab: du Ruh-Haus: — werde!

Beide.

Starker Arm,
Herzblut warm,
   Liebliche Gebärde,
Goldnes Har,
Augen klar: —
   Alles schlingt die Erde!

Erster.

Schon manches Grab hab' ich gegraben,
   Gewölbt schon manchen Hügelbau.

Zweiter.

Für zarte Mädchen, rasche Knaben,
   Für starken Mann und blüh'nde Frau.

Erster.

Und hart zerdrück' ich jede Zähre!
   Der Todtengräber niemals weine.

Zweiter.

Auf daß die Thräne nicht versehre,
   Wie Brand das todte Herz im Schreine.

Erster und Zweiter.

In jedem Menschenleid versucht,
Hat sich mein Herz versteint in Stärke:
Die Schaufel aber sei verflucht,
Die mir gedient bei diesem Werke.
Das Königskind, das mild in Gaben
Der Armuth Hütten stets gesucht,
Lebendig wollen sie's begraben:
Ha, dieses Grab — es sei verflucht!
(Ab nach links.)

Zweite Scene.

Von hinten rechts treten auf in langem Zuge H a r d r u n,
N a n n a, stark gefesselt, mit gelöstem Har, in grauschwarzem
Gewand, Priesterinnen, Krieger, Frauen.

Chor der Priesterinnen und Frauen.

Der Fremdling war's im grünen Mantel,
Ums Lockenhaupt den Veilchenkranz,
Er hat bethört die Königstochter,
Die er geführt im Reigentanz.
Er kam, man weiß es nicht, von wannen,
Er schied und niemand weiß wohin:

Du bist betrogen, Königstochter,
    Und Schmach und Tod ist dein Gewinn.
                    Gesammtchor.
Der Urtheilsspruch, er ist gefunden
    Und furchtbar ist das Strafgericht:
Da, seht die Frevlerin gebunden
    Und immer noch bereut sie nicht.
Der heilge Tempel ist geschändet,
    Darin das Par der Liebe pflag:
Sie sei zur Nacht hinabgesendet,
    Hinweg getilgt vom reinen Tag.
                    Hardrun.
Schau dieses Grabes schaurig Gähnen!
    Lebendig nimmt es bald dich auf. —
Uns all' verschmähend flog dein Sehnen
    Hochmüthig zu den Sternen auf.
Uns hast du still und stolz verachtet,
    Nach Ewigem hast du getrachtet,
Du strebtest nach den Himmelshallen
    Und bist in Schuld und Schmach gefallen.
So ergeh' es auf Erden allem Streben,
    Das sich einsam will über Andre heben!

Nanna.

So leb' denn wohl, du goldne Sonne,
    So leb' denn wohl, du Himmelsluft!
Wohl sog ich gern in selger Wonne,
    O heilger Frühling, deinen Duft.
Wohl trank ich gern in durstgen Zügen
    Den Morgenhauch wie kühlen Thau:
Dem Auge wollte kaum genügen
    Das Meer des Lichts im Himmelsblau.
So lebt denn wohl, ihr Blumen alle,
    Ihr stillen Freundinnen im Thal:
Ihr Vöglein mit dem süßen Schalle,
    So lebt denn wohl viel tausendmal.
Wohl wird es wieder Frühling werden,
(vivace) Aufsprießen die Blumen dann alle mit Macht: —
Mich aber deckt in dunkler Erden
    Ein schwerer Stein in ew'ge Nacht.

Hardrun.

So faßt um deine Schuld
    Dich endlich bittres Reuen?

Nanna.
Bereuen des Geliebten Huld?
Ich thäte jede That vom Neuen!

Hardrun.
Habt ihr gehört den Trotz, den Hohn?
Hinab! Nimm deiner Frevel Lohn!
(Aus dem Gebüsch zur Rechten hinter dem Grabe tönt leiser Vogelgesang.

Nanna
(lauschend).
Ich folge gleich! — Was singt so fein?
(Pause: Vogelgesang)
Ich meine, das muß Rothkehlchen sein!

Roth=Kehlchen,

Singe=Seelchen!

Wir haben uns immer so gut vertragen!

Dir will ich die letzten Grüße sagen.

Flieg', über die Berge, landaus, landein,

Flieg', bis du gefunden den Liebsten mein.

Dann sag' ihm: „sie starb! — Sie starb für
dich —

Und noch im Tode sie segnete dich!"

Im Stil des Volkslieds.

(Wird von den Kriegern ergriffen: Lärm vorn links.

Hardrun.
Welch Lärmen dort? Welch Drohn und Schrein?

Ein Krieger
(meldend, von links).

Hardrun.
Das Volk! Das Volk will sie befrein!
(hinausblickend)
Es dringt mit Macht auf die Wächter ein.
Die Kinder sind es, die Alten, die Armen!
Den Elenden zeigte sie viel Erbarmen.
Denn also hat sie's immer gehalten:
Mit uns nicht wollte sie walten:
Zu den Kindern und Armen hat sie's getrieben!
Laß sehn, was ihr frommt der Ohnmächtigen Lieben.

Dritte Scene.
Vorige. Ein Haufe Volkes, Kinder voran, Greise, Arme, Kranke, auf Krücken gestützt, dringt von links vorn durch die widerstrebenden Krieger herein.

Chor.
Gebt sie heraus! Sie soll nicht sterben!
Sie soll so furchtbar nicht verderben,

Die junge Herrin gütevoll,
Der mild die Sele überquoll
Bei unsrer Noth,
Die Hilfe bot
Den Kranken, den Alten, Armen,
Die mit den Kindern gespielt wie ein Kind,
In Thaten so gütig, in Worten so lind!
Gebt sie heraus! Heraus geschwind!
Habt mit der jungen Waise Erbarmen!

Hardrun
entreißt einem der Krieger das Schwert und schlägt auf die Vordringenden ein).

Hinweg mit euch, verächtlicher Troß!
Ihr Krieger, verscheucht sie mit Schwert und Geschoß!
(die Krieger drängen das Volk mit den Speren hinaus)
Da sieh — das ist deiner Freunde Macht.

Nanna.

Empfange mich, heilige Todesnacht!

Chor.

Hinab mit ihr und ihrer Schande!
Entsühnet werden diese Lande
  Durch der Verfluchten Tod allein!

Nanna

(tritt dicht an das Grab).

Vierte Scene.

Vorige. Hako (behelmt, voll gewaffnet, stürmt von rechts herein, sich durch die Krieger Bahn brechend).

Hako.

Halt ein! Halt ein!
Ich breche, Nanna, deine Bande!
Ich will noch jetzt dein Retter sein!
Ich will dir alle Schuld verzeihn.

Hardrun. Chor.

Mein Sohn! Was wagst du! Welche Schmach!
Chor (O Held!)

Hako.

Nur laß von ihm, der dein Leben zerbrach!
Nur laß von dem Flüchtling, der dich verrathen!
Da schaust du das Ende seiner Thaten!
Er hat dich bethört,
Hat dein Herz zerstört,
Er durfte, der Sel'ge, dich liebend umfassen

Und nun hat der Feigling dich verlassen!
Mich hast du verschmäht, mich hast du verachtet:
Ich aber, jetzt, da das Grab dich umnachtet,
Da dich furchtbar bedroht
Der grausamste Tod —
Ich stehe zu dir in Schmach und in Noth!
Durch der Krieger Schwarm
Brech' ich dir Bahn mit gewaltigem Arm!
Ich fliehe, mit dir geächtet, verbannt,
In den Wald aus unsrem Heimatland.
Ich will dich befrei'n!
Nur vergiß den Verräther und werde mein.

Nanna.
Hako — du bist ein wackrer Held —

Hako
freudig einfallend).

Du folgst mir? Gegen die ganze Welt
Soll dich vertheid'gen dieser Arm!

Nanna.
Dein Sinn ist kühn, dein Herz ist warm.
Doch — Weibesliebe kennst du nicht!

Bis dieses Herz in Stücke bricht,
Lebt Er allein in diesem Herzen:
Wie nur Ein Herz und Einen Leib,
Hat Eine Liebe nur das Weib.
Und jauchzend unter Todesschmerzen,
Sterb' ich für ihn, den ich geliebt!
Ja, ob in Gluth die Welt zerstiebt, —
Sein bin ich über alle Zeit —
Denn Liebe: das heißt Ewigkeit!

(Motiv aus dem ersten Aufzug.)

Hako
(will sie ergreifen).

Ich rette dich, ob du willst, ob nicht!

Nanna
(stößt ihn weg).

Hinweg von mir! — Leb wohl denn, Himmelslicht!

(springt in das Grab)

Geliebter: — ewig bin ich dein!

Fünfte Scene.

Vorige. Donnerschlag: nachdem die bisher finster unheim=
liche Stimmung und Beleuchtung plötzlich in glänzenden
Frühlingsschein verwandelt ist, steht Baldur neben ihr im
Grabe: in göttlicher Erscheinung, wie in der ersten Scene des
ersten Aufzugs, nur um den Helm den Veilchenkranz: was von
der im Chor geschilderten, plötzlich eintretenden Umwandlung
der Natur in schönste Frühlingsstimmung scenisch dargestellt
werden kann, soll dargestellt werden (die Musik drückt
dies plötzliche Frühlingwerden höchst wirkungsvoll aus".

Erster Halbchor.
Ha, welch' ein Rauschen in den Lüften!

Zweiter Halbchor.
Es blitzt, es donnert, braust und weht!

Erster Halbchor.
Ein süßer Hauch von Veilchendüften —

Zweiter Halbchor.
Berauschend durch die Wipfel geht.

Erster Halbchor.
Hie Sonnenschein! Dort Regenbogen!

Zweiter Halbchor.
Ein Schwalbenflug — er zwitschert hell.

Erster Halbchor.
Der Rasen grünt! Die Büsche knospen!

Zweiter Halbchor.
Und aus dem Eise bricht der Quell.

Gesammtchor.
Die Erde bebt! Und aus dem Grabe,
Umstrahlt von lichtem Götterglanz,
Der Fremdling steigt in Asgardschöne
Und um den Helm den Veilchenkranz.

Baldur.
Ja, Nanna, ewig bist du mein!

(Alles Volk stürzt auf die Knie: Baldur und Nanna treten aus dem Grab in die Mitte vor.)

Chor.
Gott Baldur! Baldur, hab Erbarmen!

Nanna
(selig).

An deiner Brust! In deinen Armen!
Und ob mich verbrennt dein Götterkuß —
Ich bin dein Weib — ich will — ich muß! —

Baldur.

Nicht sterben! Nein, zu ew'gem Leben
Nach Asgard sollst du mit mir schweben!
Bestanden hast du alle Proben
Der Liebe, wie kein Weib vor dir.
Doch das war kein Spiel, geplant von mir:
Ich habe nie gezweifelt an dir!
Doch, es galt zu zeigen den Göttern da oben,
Daß ein irdisch Weib des Himmels werth.

(zu Hako)

Du Held, zu deines Hochsinns Lohne,
Nimm dieses Reiches Königskrone:
Stets Sieg verleih' ich deinem Schwert.

(Hako und Volk steht auf,

Ihr Andern aber: — ehrt fortan
Ein tiefes Herz, das stolz und still
Auf eignen Wegen wandeln will.
Ihr seht, daß es den Himmel gewann!
Das Sehnen, das nach dem Ewigen trachtet,
Ihr habt's verspottet und verachtet:
Doch das Höchste wird nur höchstem Sehnen.

Nanna.

Ich finde nicht Worte — nur selige Thränen.
Wie soll ich tragen ein Götterlos?

Baldur.

Heil Nanna dir, unsterblich groß!
Ein Weib, das solche Liebe trug,
Ist für den Himmel reif genug.
Und weil du treu an mich geglaubt,
Hast du gerettet — mein eigen Haupt!
Schau, dort durch Gewölk her schimmert Walhall!

(die Wolken zertheilen sich: auf Walhall werden alle Götter sichtbar, Loki kniet beschämt vor Odhin)

Schau, Odhin und Thor und die Himmlischen all,
Schau Loki, den Spötter, den Zweifler, beschämt!

(setzt ihr ein Sternendiadem auf, elektrisches Licht fällt auf ihr Haupt: das schwarze Gewand gleitet ab und zeigt ein weißes gold=
glänzendes Götterkleid wie Freia's und Frigg's)

Mit der Göttinnen Kranz sei diademt!
Denn die Arme mit grüßendem Freuen
Streckt Freia und Frigg mit den Himmlischen all
Dir entgegen, der Göttin, der Neuen.
Und Frühlingsgewölk, du herrliche Maid,
  Umfängt uns gleich Schwanenflügeln

(ein Wolkenwagen senkt sich herab, beide steigen ein)

Und ich rausche mit dir durch die Himmel weit,
Nach Asgard's goldenen Hügeln!
(Der Wagen fährt links ab.)

Schlußchor
(der Götter und Alfen: gegen das Ende treten Baldur und Nanna
vor Odhin und knieen: er legt die Hände auf ihre Häupter).

Jauchzet und jubelt, Asen und Alfen!
Liebe und Treue zum Sieg euch verhalfen!
Schaut, da kommt wie ein Adler im Bogen,
Sausend durch Wolken kommt Baldur geflogen!
Und an der Brust, mit leuchtendem Prangen,
Trägt er der Siegerin holde Gestalt.
Laßt uns die Göttin, die neue, empfangen,
Grüßt sie mit jauchzender Sangesgewalt!

Anhang.

Den Stoff zu dieser Dichtung gab ausschließend folgende frei erfundene Ballade. (Gedichte, 2. Sammlung. 1. Abtheilung 2. Auflage. 1872. S. 99.)

Der Fremdling.

„Der Fremdling war's im grünen Mantel, ums Lockenhaupt
     den Veilchenkranz,
Er hat bethört die Königstochter, die er geführt im Maientanz.

Er kam, man weiß es nicht, von wannen, er schied und
     Niemand weiß, wohin.
Du bist betrogen, schön Haralda, und Schmach und Tod
     ist dein Gewinn."

So klagt das Volk; doch König Olaf, der finstre, klagt
     und drohet nicht.
Ein Grab läßt er im Walde graben, durch Schnee und Eis
     der Spaten bricht.

Im Frühmärz war's: kahl stehn die Bäume, kein Vogelruf,
　　　　　　Eis deckt den Quell.
Rings Alles starr: nur hoch am Himmel zieht's hin wie
　　　　　　Frühlingswolken hell.

Und schweigend führt vor allem Volke sein Kind er an den
　　　　　　dunkeln Schlund:
„Lebendig sei mit deiner Schande verschlungen von der Erde
　　　　　　Grund,

Sagst du mir nicht des Frevlers Namen und wo ihn trifft
　　　　　　mein Strafgericht."
Doch sie schlug auf die schönen Augen und sprach in Ruh:
　　　　　　„Ich weiß es nicht!

Ich weiß nur, daß er ist mein Gatte und daß er wieder-
　　　　　　kehret mir:
Er schlang von gelben Schlüsselblumen den Reif um meine
　　　　　　Rechte hier,

Und sprach: „Auf Monde bannt das Schicksal mich fern von
　　　　　　dir, geliebte Frau,
Doch wenn die Schlüsselblumen wieder, die gelben, sprießen
　　　　　　auf der Au,

Dann kehr' ich dir zurück so sicher, als Sonn' und Mond
　　　　　　am Himmel gehn."
Schon hab' ich heut' aus Schnee und Eise das erste Veilchen
　　　　　　lauschen sehn,

Nun kommt er bald" — „Du willst noch höhnen?" rief da
der König zornesbleich,
„Hinab mit dir!" — schon setzt die Holde den weißen Fuß
ins Todtenreich,

Da plötzlich rauscht es in den Lüften, es blitzt, es donnert,
brauſt und weht,
Ein warmer Hauch von Veilchendüften berauschend durch die
Wipfel geht,

Hie Sonnenschein, dort Regenbogen, ein Schwalbenflug, er
zwitschert hell,
Der Rasen grünt, die Büsche knospen und aus dem Eise
bricht der Quell.

Die Erde bebt und aus dem Grabe, umstrahlt von lichtem
Götterglanz,
Der Fremdling steigt in grünem Mantel und auf dem Haupt
den Veilchenkranz.

„Gott Baldur!" rufen Volk und König und sinken bebend
in die Knie,
Er aber faßt die Hand Haralda's und zu den Sternen
schweben sie.

Berichtigung.

Statt Alben lies Alfen.